Vorwort

„101 Regeln des Deutschen" mag ein gewagter Titel für ein Buch sein, welches von jemandem stammt, der sich selbst „Der Germanist" nennt.
Immerhin lernt man bereits zu Beginn des Germanistikstudiums, dass diese Form der Sprachwissenschaft primär deskriptiv geprägt ist, also erklären soll, und nicht etwa präskriptiv und somit eigentlich keine Normen vorschreibt.
Und immer wieder erreichen mich Nachrichten, mal mehr, mal weniger freundlich, mit dem Inhalt, Sprache lasse sich nicht in Regeln und in eine Matrix aus *richtig* und *falsch* pressen.
Und die Geschichte gibt diesen Leuten recht.
Immer wieder wurden in der Vergangenheit einst „falsche" Ausdrücke etwa in den Duden aufgenommen, da ihre Verbreitung so enorm zugenommen hatte, dass sie fortan nicht mehr für unkorrekt erklärt werden konnten.
Der Sprachwandel ist allgegenwärtig und vor allem im Bezug auf Dialekte ist es schwierig, bestimmte regional bedingte Formulierungen für nicht zulässig zu erklären, die von vielen Sprecherinnen und Sprechern von Geburt an gelernt wurden.
Des Weiteren ist Sprache nun mal von Natur aus kein Quiz, in dem es darum geht, möglichst viele richtige Antworten zu erraten, sondern im Kern ein Instrument zur Kommunikation und damit rein funktioneller Natur.
Sagen wir also, dass etwa „Sinn machen" falsch sei, da man Sinn nicht machen könne, so sagen wir damit le-

für alle, die ebenfalls ihr Leben lang
„Lange Rede, kurzer Sinn“
gesagt haben

diglich aus, dass wir persönlich es ungern hören, weil es nicht unserer Vorstellung von Sprache entspricht.
Wir haben jedoch keine Grundlage, die diese falsche Form wirklich verbietet, da der einzige Zweck, nämlich die Verständigung, trotzdem erfüllt wird.
Es gibt jedoch eine Strömung innerhalb der Sprachwissenschaft, an der sich solche „Regeln" ableiten lassen.
Es gibt eine Begründung, warum es „Sinn ergeben" heißen muss und nicht „Sinn machen" und warum man mal ein Komma setzt und mal nicht.
Und das ist die Logik. Sie ist vielleicht nicht zum Verständnis von Aussagen grundsätzlich notwendig, aber sie beugt Verständnisprobleme zumindest vor.
Und mal ehrlich; wo kämen wir hin, wenn sich Regeln auflösen und die Willkür beginnen würde?
Denn spätestens dann gingen damit auch Verständnisprobleme einher und somit wäre die ursprünglich einzig angedachte Funktion von Sprache gefährdet.
Das ist der Sinn hinter meiner Öffentlichkeitsarbeit. Ich will nicht formen und Menschen zu besseren Individuen machen, die fortan sprachgewandter durchs Leben gehen. Ich will denen, die in der Sprache Orientierungspunkte suchen, die Möglichkeit geben, welche zu finden. Regeln, die allgemeingültig sind und die man auf viele unterschiedliche Fälle anwenden kann.
Und ich will Leuten, von denen doch mal der „korrekte Gebrauch" von Standardsprache erwartet wird, etwa in der Schule oder bei Bewerbungen, zeigen, dass die deutsche Sprache nicht ganz so unregelmäßig ist, wie sie auf den ersten Blick zu sein scheint.

Auf den folgenden Seiten erwarten dich 101 Regeln, Merksätze, Tipps und Hilfestellungen rund um Grammatik, Rechtschreibung und Zeichensetzung. Für alle Deutsch-Nerds mit innerem Monk und für alle, die einfach etwas dazulernen möchten.

im Voraus:

Ein Verzeichnis mit allen Themen inklusive Seitenanzahl ab S. 132

1. Wie / als

Wir beginnen mit einem Thema, bei dem sich vor allem bei Sprachliebhabern die Fußnägel hochrollen werden. Dabei kann es ganz einfach sein. Die einfache Antwort auf die Frage, wann man was verwendet, lautet:

Als bei Unterschieden,

Wie bei Gemeinsamkeiten.

Ist jemand also beispielsweise größer, so ist er größer *als* ich, weil er eben nicht so groß ist *wie* ich, was ja eine Gemeinsamkeit wäre.

Die etwas längere, aber dafür ausführlichere Antwort lautet.

Als nach einer Steigerung, also im Komparativ,

Wie im Positiv

Denn beispielsweise wäre „doppelt so groß *wie* ich" ja ebenfalls ein Unterschied, sogar ein ganz bedeutender, jedoch würde man hier keinesfalls *als* anstelle von *wie* einsetzen.
Der oben erwähnte Positiv bezeichnet ganz einfach die Form *vor* der ersten Steigerung also **groß** – größer.

2. Das/dass

Für die einen ein Kinderspiel, für die anderen stehen sie jedes Mal aufs Neue vor diesem Problem.
Auch dazu ist die Regel noch relativ überschaubar und vor allem einfach anzuwenden, wenn man sie sich erst einmal gemerkt hat:

Das fungiert immer als Artikel oder als Pronomen. Man kann es durch *dieses, jenes* oder *welches* ersetzen.
Häufig bezieht sich *das* auf ein Nomen:

Das Haus, **das** gebrannt hat

Das erste *das* steht direkt vor dem Haus und kündigt daher ein Nomen an. Das zweite *das* **bezieht** sich auf dieses Nomen, weil ja auf das Bezug genommen wird, was gebrannt hat.

Dass hingegen ist eine Konjunktion. Es verbindet Satzteile miteinander, steht jedoch in keinem Verhältnis zu einem Nomen.

Ich fürchte, **dass** das Haus brennt.

Hier verbindet das *dass* die Befürchtung, nämlich das brennende Haus, mit der Tatsache, dass etwas befürchtet wird (Ich fürchte).
Es steht jedoch nicht im Zusammenhang mit dem Haus oder irgendeinem anderen Nomen.

Ein *Das* muss sich aber nicht zwangsläufig auf ein Nomen beziehen:

Das darf doch nicht wahr sein!

Hier steht *Das* stellvertretend für das Ganze, was nicht wahr sein darf. Es wird daher mit einem *s* geschrieben. Hier könnte man auch die oben erwähnte Ersetzprobe anwenden:

Jenes darf doch nicht wahr sein!

Somit haben wir Gewissheit, dass die Schreibung mit einem *s* hier richtig ist.

3. Selbe/gleiche

Wie war das noch mal mit demselben und dem Gleichen? Wann schreiben wir es groß, wann klein, wann zusammen, wann getrennt und wann nutzen wir überhaupt welches der beiden Wörter?
Hierzu ein Merkspruch:

Zwei Dinge können sich gleichen, aber nicht selben.

Dasselbe verwenden wir also wirklich nur dann, wenn es sich tatsächlich um *ein und dasselbe* handelt. Zwei Leute können nicht dasselbe T-Shirt tragen bzw. es wäre ziemlich unbequem.
Sie können aber bedenkenlos *das gleiche* Shirt tragen, wenn sie beispielsweise im gleichen Laden einkaufen.

Des Weiteren schreiben wir Verbindungen mit *selbe* immer zusammen: Dasselbe, derselbe, denselben, ...
Das liegt daran, dass ebendieses *selbe* nicht alleine stehen kann und somit kein eigenes Wort bildet.
Für *gleich* gilt dies nicht, weshalb wir *das Gleiche* stets getrennt schreiben.

Dasselbe etc. wird außerdem (außer am Satzanfang) immer kleingeschrieben.
Bei dem Gleichen kommt es darauf an, ob man sich auf ein Nomen bezieht: „Ich habe das gleiche Hemd“, oder man das Große und Ganze meint: „Es ist immer das Gleiche mit dir / Das Gleiche wollte ich gerade sagen“

Nur in zweitem Fall schreiben wir das Gleiche groß.

4. Einzigste?

Es gibt wenige Themen, die ich in meinen Beiträgen bisher öfter thematisiert habe als dieses.
Sei es in Memes, Info-Posts oder nervigen Erinnerungen.
Und tatsächlich gibt es keine Steigerungsform von einzig.

Das liegt daran, dass das *einzige* grundsätzlich schon eine absolute Form bildet: Wenn nichts mehr übrig ist, außer diese eine Sache, dann sprechen wir dabei vom *einzigen*, was überbleibt.
Das einzigste wäre eine Steigerung dessen, die eben aufgrund dieses absoluten Zustandes nicht erreicht werden kann.

Dieses Prinzip gilt auch bei vielen anderen Wörtern:
Wenn etwas *minimal* ist, dann kann es unmöglich kleiner sein, denn dann wäre es nicht minimal, also an der Grenze zur Existenz.
Deshalb sind auch die *minimalsten Preise* falsch.

Diese Regel lässt sich erneut auf die Logik zurückführen, denn rein grammatikalisch ist jedes dieser Worte steigerbar. Manchmal hilft es also, sich neben grammatikalischen Strukturen auch die konkrete Bedeutung der Wörter im Gebrauch anzuschauen, um sich selbst zu veranschaulichen, wieso *das Einzigste* nicht nur falsch, sondern eben auch gar nicht möglich ist.

5. Effektiv oder effizient?

Nicht selten treffen wir auch auf Ausdrücke, die ähnlich klingen und auch auf der Bedeutungsebene nah beieinander sind.
Doch *Effektivität* und *Effizienz* sind, wenn auch manchmal so verwendet, keinesfalls bedeutungsgleich.

Während *Effektivität* beschreibt, dass etwas grundsätzlich **wirksam** ist, geht die Effizienz tiefer.

Alle Blätter sind weg – Der Laubbläser ist sehr effektiv!

In diesem Fall ist die Effektivität dadurch erreicht, dass das Gartengerät die erhoffte Leistung bringt. Hier wird also auf das Ergebnis geschaut.

Reden wir hingegen von Effizienz, schauen wir uns außerdem den benötigten **Aufwand** an, der für das Erreichen des Ergebnisses notwendig war.
So kann der Laubbläser herrlich *effektiv* sein, weil er eben alle Blätter wegbläst, jedoch längst nicht *effizient*, da er neben der Tatsache, dass das Ganze eine Stunde gedauert hat, auch viel zu viel Benzin verbraucht.

Zwei Schüsse – zwei Tore. Wahnsinn, diese Effizienz der Bayern!

Hier ist die *Effizienz* das richtige Wort, da eben nicht nur mit allen Mitteln zwei Tore geschossen wurden (Ef-

fektivität), sondern dafür lediglich zwei Schüsse benötigt wurden.
Somit holt man bei einer hohen Effizienz in der Regel **sehr viel aus sehr wenigem** heraus.

6. Infolge/in Folge

Getrennt- und Zusammenschreibung bringt viele an den Rand der Verzweiflung.
Dabei ist sie manchmal wichtig, um zwischen zwei völlig verschiedenen Aussagen unterscheiden zu können.

Infolge zusammengeschrieben benutzen wir im Sinne von *aufgrund*:

Infolgedessen haben wir verloren.

Der Ausdruck lässt sich auch ohne das nachfolgende *dessen* verwenden – allerdings nur im Genitiv:

Infolge Hochwasser**s** mussten wir unsere Wohnung räumen.

Getrennt geschrieben bedeutet der Ausdruck *hintereinander*:

Wir haben zwei Tore **in Folge** geschossen.

Wichtig ist hierbei, dass *Folge* großgeschrieben wird, da es sich dabei um ein Nomen handelt (die Reihen**folge**).

7. Anglizismen

Dieses Thema ist eigentlich zu groß, um es in einem dieser 101 Punkte zusammenzufassen, dennoch will ich es versuchen und mich dabei besonders auf den Plural fokussieren.

Neben zahlreichen Debatten, ob Anglizismen in die deutsche Sprache gehören oder nicht und ob sich das Deutsche, in dem man auf Snapchat beim Chillen mit der Gang die Posts von Stars likt (Achtung an alle Anglizismen-Gegner beim Lesen dieses Satzes), überhaupt noch das Deutsche nennen dürfe, gibt es auch einige beachtenswerte Regeln, die dieses sprachliche Phänomen betreffen.

Erst einmal: Anglizismen sind nach sprachwissenschaftlicher Definition Eingliederungen von englischen Ausdrücken in die deutsche Sprache. Lediglich englische Konstruktionen aufs Deutsche zu übertragen wie *Sinn machen* (von to make sense) sind **keine Anglizismen**, wenn auch gerne behauptet.
Da wir die englischen Ausdrücke also ins Deutsche integrieren, unterliegen sie bei dieser Verwendung auch der deutschen Grammatik.
Geliked wäre beispielsweise falsch, da es die Endung -ed für die Vergangenheit nur im Englischen gibt.

Auch fügen wir bei der Pluralbildung lediglich ein s an und formen, im Gegensatz zum Englischen, das *y* **nicht** zu einem *ie* um.

Aus Baby werden *Babys* und **nicht** *Babies* und ich gehe nicht meinen *Hobbies* nach, sondern meinen *Hobbys*. Grundsätzlich gilt also: Egal, wie wir Anglizismen verwenden, sobald wir sie grammatikalisch an die Situation anpassen, tun wir das nach den Regeln des Deutschen.

8. Auf/offen

Ist die Tür nun auf oder ist sie offen?

Grundsätzlich verwenden wir in der Standardsprache *auf* nur in Verbindungen mit dem Ausdruck einer **Bewegung**:

Die Tür **geht** auf / Ich **drehe** den Hahn auf.

Sprechen wir vom Zustand *geöffnet*, so sagen wir *offen*.

Dass Die Tür mal *auf* ist, ist nicht prinzipiell falsch, sondern umgangssprachlich erlaubt.

Denn es gibt einen Unterschied zwischen *umgangssprachlich* und *falsch*:

Während zur Umgangssprache vor allem die Ausdrücke gehören, die ihre grammatikalische Berechtigung haben, sich jedoch in der Standardsprache nicht durchsetzen konnten, sind falsche Ausdrücke wie *einzigste* häufig unlogisch – siehe dazu Regel 4.

9. Des Weiteren

Im Falle von des Weiteren findet eine Substantivierung statt, also die Umwandlung eines Wortes zu einem Nomen.
Da *weiter* hier zu *dem Weiteren* und somit zu einem Substantiv wird, muss es hier großgeschrieben werden.
Das Gleiche gilt für *des Öfteren*.

Wichtig: Im Falle von *bis auf Weiteres/weiteres* sind beide Schreibweisen zulässig.
Dies ist auf Grundlage der bisher angewandten Logik meiner Meinung nach sogar recht willkürlich, allerdings ist es insofern nachvollziehbar, als hier kein Artikel steht (anders als bei ***des** Weiteren/Öfteren*).

Und dieser letzte Satz bringt uns direkt zu Punkt 10.

10. Insofern, als

Ein Beispielsatz, den viele so oder so ähnlich sagen, der in dieser Form aber falsch ist:

Ich habe insofern Geld ausgegeben, als dass ich essen war.

Tatsächlich heißt es hier nicht *als dass*, sondern schlicht und einfach *als*:

Ich habe insofern Geld ausgegeben, als ich essen war.

Die Frage, die man sich dann stellen mag, da es für den ein oder anderen einfach nicht richtig klingt, wäre: Warum *als*?
Hier wird nichts verglichen, sondern viel mehr wird ein Sachverhalt spezifiziert.

Doch die eigentliche Frage sollte lauten: Warum *nicht als dass*?
Und diese ist einfacher zu beantworten: *Als dass* ist ein Indikator für eine Negation, also für einen Satz, in dem dargestellt wird wie etwas **nicht** ist:

Ich bin viel zu müde, **als dass** ich jetzt in der Lage wäre zu arbeiten.

Aufgrund dieser Beschränkung der Verwendung von *als dass* auf diese Verwendung heißt es bei *insofern* lediglich *als*.

11. Reden oder sprechen?

Gibt es einen Unterschied zwischen reden und sprechen?

Tatsächlich ist echte Synonymität im Deutschen sehr selten.
Es kommt also nicht häufig vor, dass zwei Wörter wirklich exakt dasselbe bedeuten, meistens gibt es einen feinen Unterschied. So auch bei reden und sprechen, wobei die Begriffe größtenteils deckungsgleich verwendet werden können.
Der Teufel steckt hier mal wieder im Detail:

Während *reden* vielmehr ein sozialer Akt inhaltlicher Natur ist, bezieht sich das *Sprechen* eher auf die formale und biologische Seite. Sprechen bezeichnet die Fähigkeit zur Sprache. Kinder lernen nicht reden, sondern sprechen und man besucht auch keine *Rede-*, sondern eine ***Sprach**schule*.
Allerdings halten Politiker *Reden*, wenn sie sich inhaltlich mitteilen wollen und Barack Obama hat zwar die Fähigkeit zu sprechen; betont wird aber stets seine Fähigkeit zu *reden*.

Man merkt an solchen Ausdrucksweisen, dass dieser Unterschied zwischen den Wörtern, wenn wir ihn uns auch nicht häufig bewusst machen, dennoch in unserer Sprache präsent ist.

12. Gewöhnt/gewohnt

Bin ich denn nun etwas *gewöhnt* oder bin ich es *gewohnt*?
Erstmal die gute Nachricht: Keine der beiden Formen ist grundsätzlich falsch.

Gewöhnt beschreibt den Prozess, sich an etwas zu gewöhnen.
Gewohnt hingegen gibt das Resultat an, nämlich, dass man sich an etwas gewöhnt hat und es nun gewohnt ist:

Ich habe mich nach langer Zeit an das neue Haus *gewöhnt* und inzwischen bin ich es einfach *gewohnt*, dass mal die Bahn vorbeifährt.

Ableiten kann man sich das Ganze an der Gew**ö**hnung (sich an etwas gew**ö**hnen) und der Gew**o**hnheit (Ich bin das gew**o**hnt).

Falsch hingegen ist: Ich bin das gewöhnt.

13. Erschrocken/erschreckt

Auch hier sind beide Formen richtig, nur eben nicht in jeder Situation.

Erschreckt sagt aus, dass irgendetwas oder irgendjemand etwas oder jemand anderen erschreckt hat:

Die Figur hat mich aber *erschreckt*! Ich wurde heute von meinem Bruder *erschreckt*!

Wenn also jemand sagt: „Ich habe mich voll erschreckt!", würde das bedeuten, dass sich der Erzählende selbst erschreckt hat.
Theoretisch wäre das zwar möglich, ist jedoch in der Regel nicht gemeint, da uns eher andere Dinge erschrecken.
Stattdessen können wir auch wie folgt aussagen, dass wir in Schrecken geraten sind:

Ich **bin** heute morgen vor meinem Bruder *erschrocken*!

Erschrocken wird nicht mit dem Hilfsverb *haben* genutzt und somit wäre *Ich habe mich erschrocken/erschreckt* standardsprachlich falsch.
Stattdessen erfolgt die Nutzung mit dem Hilfsverb *sein* (*Ich bin erschrocken*; Er *ist erschrocken*, ...).

14. Wart oder ward

Ähnlich wie bei *seid* und *seit* (dazu gleich mehr) gibt es auch viele, die den Unterschied zwischen *wart* und *ward* nicht zu kennen scheinen.

Mittlerweile nutzen wir eigentlich nur noch wart:
Es ist die zweite Person Plural, Präteritum von *sein*:

Ihr *wart* essen; Ihr *wart* doch gerade noch da; Wo *wart* ihr?

Ward hingegen ist eine etwas veraltete Form von *wurde*:

Sie *ward* nicht mehr gesehen.

Heutzutage nutzen wir dieses Wort nahezu gar nicht mehr, weshalb in den meisten Fällen *wart* die richtige Wahl ist.

15. Seid oder seit?

Hier werden beide Formen zwar noch im aktiven Sprachgebrauch verwendet, allerdings, wie so oft, unterschiedlich.

Und gerade die Verwechslung von seit und seid ist ein Thema, das so manch einen zur Weißglut treiben kann, daher hier die Erklärung in Form eines Merkspruches:

Seit kommt von Zeit.

Wenn es also um das zeitliche Seit geht (seit gestern, seit drei Jahren), schreiben wir es mit *t*.

Seid hingegen ist die zweite Person Plural von sein:

Ihr *seid* toll, weil ihr dieses Buch lest. (Stimmt wirklich)

Eine Eselsbrücke kann sein, dass die erste und dritte Person Plural von sein *sind* ja ebenfalls mit *d* geschrieben werden.

Also:

SEI**D**	SEI**T**
SIN**D**	ZEI**T**

16. Die oder das Nutella?

Kaum eine grammatikalische Frage erhitzt die Gemüter so sehr wie die nach dem Geschlecht der beliebten Nuss-Nougat-Creme.
Heißt es denn *die* oder *das* Nutella und gibt es sogar Menschen, die *der* Nutella sagen?

Vorab: Da es sich bei Nutella um einen Eigennamen handelt, gibt es aus grammatikalischer Sicht erst einmal kein Richtig oder Falsch.
Es gibt jedoch Anhaltspunkte, an denen man sich orientieren kann, wenn man unbedingt den bestmöglichen Artikel verwenden möchte.

Aus etymologischer Sicht müsste es *die Nutella* sein, da die italienische Endung *-ella* weiblich ist.
Dem wäre entgegenzusetzen, dass bei Übernahmen von Wörtern aus anderen Sprachen der Artikel nicht unbedingt ebenfalls übernommen wird.
Im Italienischen ist der Ausdruck *Ambiente* beispielsweise männlich; im Deutschen neutral.
Viele Sprachen verfügen noch nicht einmal über ein neutrales grammatikalisches Geschlecht, sodass sich die Artikel manchmal zwangsläufig verändern.
Die Herkunftssprache gibt uns also nur Begrenzt Auskunft darüber, ob es nun *die* oder *das Nutella* ist.

Von manchen wird Nutella auch als Kurzform von *Nutellacreme* verstanden, was einen weiblichen Artikel

rechtfertigen würde.
Jedoch lässt sich hier nicht argumentieren, es müsse die Nutella sein, da es auch die Creme heiße, da die Creme ja lediglich eine Alternativbezeichnung ist.
Nach diesem Argumentationsmuster müsste Nutella also wirklich eine Art Abkürzung für die Nutellacreme sein, sonst könnte es genauso gut *das* Nutella(glas) oder *der* Nutella (weil *der Brotaufstrich*) sein.

Ferrero selbst sagte zu dem Thema einmal, dass es sich bei *Nutella* um einen Fantasienamen handele, der keinen festen Artikel habe und man sich einen aussuchen könne (aus wirtschaftlicher Sicht vermutlich das Klügste).

Später veröffentlichten sie dann jedoch eine Werbung, in der unter anderem der Ausdruck *dein* Nutella fiel, was auf einen neutralen Artikel schließen lässt (da *der Nutella* doch recht seltsam klänge).

Man kann diese Frage, wie gesagt, aus sprachlicher Sicht nicht abschießend klären, doch hier waren ein paar Anhaltspunkte für alle, die die völlige Offenheit über denn Artikel von Nutella nicht befriedigt.

17. Recht oder recht?

Hat man denn nun *Recht* oder *recht*?
In diesem Falle ist tatsächlich beides möglich, wobei *(das) Recht haben* für mich logischer klingt.
Der Duden hingegen empfiehlt *recht haben*.

Keine zwei Meinungen hingegen gibt es jedoch in jeder anderen Verwendungsform.
Wird recht kleingeschrieben, so nutzen wir es als Synonym zu *richtig*:

Das ist mir recht, Du kommst genau zur rechten Zeit

Groß schreiben wir das Recht folglich als Nomen:

Ich fordere mein Recht, Ich bin im Recht.

Der Grund dafür, dass *im Recht sein* das großgeschriebene Recht fordert, man es sich bei Recht/recht haben jedoch aussuchen kann, liegt darin, dass in ersterem Fall ein Artikel das Nomen ankündigt:

im Recht → in dem Recht → das Recht

Dies ist bei *Recht haben* nicht gegeben, weshalb man *Recht* hier nicht als eindeutiges Nomen identifizieren kann.

18. Tageszeiten

Ein weiteres Thema, das viele beschäftigt, ist die korrekte Schreibung von Tageszeiten.
Wann werden sie groß-, wann kleingeschrieben, wann getrennt und wann zusammen?

Grundsätzlich schreiben wir Tageszeiten (wie jedes andere Wort auch) dann groß, wenn sie als Nomen auftreten:

Gestern war ein schöner **Morgen**.

Manchmal fungieren Tageszeiten allerdings auch als Adverbien, also als Wörter, die einen Umstand näher beschreiben. Dazu gehören die Wörter mit der klassischen *s-Endung* morgens, mittags, abends, ...
In diesem Fall werden sie kleingeschrieben:

Ich gehe immer nur **abends** spazieren.

Kombinieren wir einen Tag mit einer Tageszeit, schreiben wir die entstehende Wortverbindung groß und zusammen:

Ich war **Mittwochabend** schwimmen.

Auch daraus lassen sich Adverbien bilden, die man dann folglich wieder kleinschreibt (*mittwochabends, ...*).

Wenn kein konkreter Tag angegeben wird, sondern wir Ausdrücke wie *heute* oder *gestern* verwenden, schreiben wir diese auch klein. Im Fall einer Kombination einer Tageszeit schreiben wir dann das erste Wort klein und die Tageszeit groß:

Ich komme **morgen Mittag** mal vorbei!

19. Gesendet oder gesandt?

Häufig sind es auch Vergangenheitsformen, über die wir uns im Unklaren sind.
So auch in diesem Fall. Sagt man eigentlich gesendet oder gesandt?

Mit einer einzigen Ausnahme ist grundsätzlich beides zulässig.

Diese Ausnahme besteht in der Verwendung des Ausdrucks im Kontext von Funk und Fernsehen. Dort wird ein ausgestrahlter Film *gesendet* und nicht *gesandt* (gut zu merken mit *Sendung*).

In allen anderen Fällen sind beide Formen korrekt, entscheidet man sich jedoch für *gesandt*, ist unbedingt die ***dt-Endung*** zu beachten.

20. Imperativbildung

Dass der Imperativ von *essen „Iss!"* lautet, wird von manchen gewusst, von anderen ignoriert.
Doch nur die wenigsten haben wirklich eine grammatikalische Erklärung für ihr Sprachgefühl.

Dabei gibt es bei der Bildung der Befehlsform eine einfache Hilfe, an der man direkt erkennt, ob der Imperativ mit *i* gebildet wird oder nicht, und die ist die zweite Person Singular. Wird diese nämlich mit *i* gebildet, so tut es ihr der Imperativ für diese Person gleich:

essen: du **i**sst, also: **I**ss!

werfen: du w**i**rfst, also: W**i**rf!

21. Zumindestens?

Der Ausdruck *zumindestens* lässt sich ein klein wenig als Unfall betrachten, da es sich dabei um die unzulässige Kombination zweier Wörter handelt, die ähnlich klingen:

Zumindest und *mindestens*

Dass nun einige die Endung von *mindestens* an das Wort *zumindest* (das ja mit *est* bereits eine eigene Endung hat) dranhängen, ist jedoch nicht zulässig und führt nicht nur bei Germanisten zu Zahnschmerzen.

<u>Übrigens:</u> Obwohl mit der Zeit immer mehr einst falsche Ausdrücke aufgrund der Häufigkeit ihrer Verwendung in den Duden aufgenommen wurden, hat es *zumindestens* bislang nicht in das Werk geschafft.
Der Duden bezeichnet dieses Phänomen sogar selbst als „nicht korrekte Verschmelzung der beiden Ausdrücke".
Also: Es gibt noch Hoffnung!

22. Aus dem Stegreif

Willkommen in der Kategorie: Wörter, die 95% der Leute falsch schreiben.

Tatsächlich mutet das lang gesprochene *e* ein *Dehnungs-h* an, was wiederum darauf schließen lässt, dass der Ausdruck irgendwas mit stehen zu tun hat.

In Wahrheit jedoch steht hier niemand: Stegreif oder zur Veranschaulichung getrennt *Steg-Reif* ist eine altertümliche Bezeichnung für den Steigbügel eines Reiters (Reif hier ähnlich wie in Haarreif).
Die Bedeutung dahinter, etwas improvisiert und ohne wirkliche Vorbereitung auf die Sache zu erledigen kommt daher, dass Reiter früher eben oft Dinge aus dem Stegreif – also ohne vom Pferd abzusteigen – getan haben und der Sache somit nicht ihre volle Aufmerksamkeit widmen konnten.

Ein möglicher Grund dafür, dass der Begriff sehr oft missverstanden bzw. falsch geschrieben wird, ist der Ausdruck „aus dem Stand", der ja dafür steht, beispielsweise im Sport eine Leistung ohne Anlauf – und somit auch ohne große physische Vorbereitung in der Situation zu erbringen.
Dies deckt ja die eigentliche Bedeutung größtenteils ab, weshalb der *Stehgreif* häufiger Anwendung findet, als er sollte.

23. Komma vor als und wie

Dank Punkt 1 wissen wir ja bereits, dass jemand *schlauer als wir* ist und nicht *schlauer wie wir*.
Doch wie verhält es sich mit dem Komma?

Kurz gesagt: Das Komma wird immer dann in einem Vergleich mit als oder wie gesetzt, wenn ein untergeordneter Satz folgt, das heißt ein Satz mit Subjekt und Verb:

Du bist größer **als ich**.

Ich steht hier alleine und hat kein Verb, daher muss hier auf das Komma verzichtet werden.

Du bist größer, als ich befürchtet hatte.

Hier muss das Komma gesetzt werden, da hier zum einen ein Subjekt vorkommt (Ich) und zum anderen auch ein Verb zum Tragen kommt (befürchten).

Genauso verhält es sich mit wie:

Ich bin so alt wie du.

Aber:

Ich bin so alt, wie jeder, der am gleichen Tag geboren wurde **wie ich**.

24. Fugen-s

Zum Fugen-s, dass vor allem Bestandteil von Wortzusammensetzungen ist, gibt es zwei zentrale Regeln:

1. Kein Bindestrich nach dem s

Falsch sind Schreibweisen wie:

Schifffahrts-Kapitän oder Schadens-Ersatz

2. Keine Worttrennung nach dem s

Karnevalskostüm statt Karnevals Kostüm

Das Fugen-s kombiniert zwei Wörter und verbindet sie grammatikalisch miteinander, weshalb man danach keine Lücke lassen darf.

Es gibt leider keine komplett einheitliche Regel, aber Anhaltspunkte, die einen Hinweis darauf geben, wann man ein Fugen-s setzt.

1. Dazu gehören unter anderem die klassischen Endungen -keit, -heit, -schaft und -ung. (Erkältung**s**tablette)
2. Außerdem setzen wir das s bei einer Wortverbindung im Falle eines substantivierten Infinitivs (Leben**s**freude, Verhalten**s**therapie)

3. bei vielen Wörtern, die eine Vorsilbe haben (**Ver**handlung**s**spielraum, **Über**leben**s**künstler)

25. Anscheinend, scheinbar, offenbar

Alles das Gleiche? Bei diesen drei Begriffen keineswegs. Sie mögen umgangssprachlich synonym verwendet werden und diese Verwendung ist auch nicht falsch, doch wie bereits erwähnt gibt es im Deutschen nahezu keine echten Synonyme.

Anscheinend drückt allgemein Vermutungen aus. Wenn etwas einen Anschein macht, kann man mit *anscheinend* äußern, dass man sich in der Sache zwar nicht sicher ist, jedoch eine starke Tendenz besteht:

Wir führen jetzt 5:1 – Anscheinend gewinnen wir!

Scheinbar hingegen sagt aus, dass der Eindruck bei einer Sache täuscht. Es gibt also einen Schein, die Wahrheit sieht allerdings anders aus:

Peter ist nur *scheinbar* krank. In Wahrheit schwänzt er einfach gerne die Schule.

Offenbar lässt sich dann endlich losgelöst jeglicher Zweifel verwenden:

Marie hat einen Abiturschnitt von 1,3. Sie hat ganz *offenbar* gute Noten!

Obwohl diese Begriffe gerne verwechselt werden, steckt in den Wörtern selbst fast schon die Erklärung.

Anscheinend – Etwas macht einen Anschein, wird vermutlich so sein.

Scheinbar – etwas vermittelt einen Schein (abzuleiten von *den Schein wahren*; *der Schein trügt*)

Offenbar – etwas wird offenbart = sichtbar (deutlich)

26. Substantivverbindungen mit *sein*

Ist es nun das zusammen sein? Oder das Zusammen-sein? Oder schreibt man zusammen groß, aber das sein klein und davon getrennt?

Bei diesen Verbindungen schreiben wir das entstehende Wort in der Regel **groß** und **zusammen.**
Also das Zusammensein, das Frausein, das Lebendigsein und so weiter.

Eine Ausnahme gibt es jedoch:

Wenn die Wortkonstruktion aufgrund der Länge zu unübersichtlich wird, schreiben wir sie mit Bindestrichen, um die einzelnen Wörter zu trennen.

Also besser *das Neben-der-Spur-sein* als das Nebenderspursein.
Wichtig ist hierbei, alle Nomen in der Bindestrich-Konstruktion großzuschreiben.

27. Januswörter

Die deutsche Sprache ist einzigartig und bringt somit auch ganz eigene Phänomene mit, die wir in nicht vielen anderen Sprache finden.
Dazu gehören auch *Januswörter.*

Diese Gruppe von Wörtern beschreiben Ausdrücke mit mehr als einer Bedeutung, wobei die jeweiligen Bedeutungen das Gegenteil der anderen sind.

Beispielsweise bedeutet ***u**mfahren* mit der Betonung auf dem u, etwas zu überfahren und *umf**a**hren* mit der Betonung auf dem a, um etwas herumzufahren.
Um etwas zu umfahren ist bekanntlich das Gegenteil davon, etwas umzufahren, weshalb wir hier von einem Januswort sprechen können.

Das ist vielleicht keine wirkliche Regel, aber verdient auf jeden Fall mal unser Augenmerk!

28. Je ..., ...

Je schöner, je besser hören wir häufig.
Und dabei bereitet so manch einem die Doppelung von *je* nicht umsonst Zahnschmerzen.

Tatsächlich schreiben wir bei dieser Art von Vergleichssätzen entweder *Je, ... desto* oder *Je, ... umso.*
Falsch sind demnach auch Ausdrücke wie *Umso schöner, umso besser* oder Ähnliches.

Wichtig ist auch, das Komma zwischen den zusammenhängenden Dingen nicht zu vergessen.

Korrekt wäre also:

Je schöner ein Bild ist**, desto/umso** besser finde ich es.

29. Gehängt/gehangen

Haben wir jetzt das Bild an die Wand gehangen oder doch gehängt?

Das Verb hängen kann transitiv und intransitiv gebraucht werden.
Abhängig davon, was wir meinen.

Einmal bedeutet hängen *etwas hängen*, beispielsweise etwas an die Wand hängen. Damit wäre die Ausgangsfrage schon mal geklärt – Hier muss es *gehängt* heißen.
Doch gleichzeitig kann sich hängen auch auf das beziehen, was hängt.
Ich kann ein Bild auf**hängen** und dieses Bild kann anschließend an der Wand **hängen**.

Sagen wir also aus, dass etwas selbstständig hing, hat es *gehangen*.
Wird etwas in eine hängende Position gebracht, wird es (*auf*)*gehängt*.

„Hat das Bild schon lange da **gehangen?"**

„Nein, das habe ich gerade erst **aufgehängt."**

30. Verbindungen mit *zu*

Wenn wir zwei Wörter mittels *zu* miteinander verbinden, sind einige Sachen zu beachten.

Erst einmal wird das entstehende Wortkonstrukt immer dann getrennt geschrieben, wenn man ein Nomen integriert:

Ich helfe dir, Spargel zu stechen (nicht: spargelzustechen).

Grundsätzlich können wir uns daran orientieren, ob wir den Infinitiv des Wortes ebenfalls zusammenschreiben würden.

Ich helfe dir, das aufzuessen. (aufessen)

Es ist nicht okay, Paula niederzumachen. (niedermachen)

Ich versuche, weiterzukommen. (weiterkommen)

Ich kriege es einfach nicht hin, hoch zu singen (hoch singen)

Ich versuche immer noch, schnell zu rennen (schnell rennen)

Schreiben wir den Infinitiv also zusammen, gilt dies auch für den erweiterten Infinitiv.
Umgekehrt gilt das Gleiche.

31. Geniest oder genossen?

Hatschi!
Was habe ich jetzt gemacht, *geniest* oder *genossen*?

Geniest ist das Partizip von *niesen*, genossen von *genießen*.
Ich habe also gerade geniest und **nicht** genossen.

Genießt hingegen ist nur dann richtig, wenn bestimmte Konjugationen von *genießen* gemeint sind:

Genießt doch einfach das schöne Wetter! Imperativ)

Allerdings ist die Grundannahme, genossen komme von niesen, insofern nachvollziehbar, als einige ähnlich klingende Wörter tatsächlich stark gebeugt werden (den Vokal wechseln).

Beispiele dafür wären:

gießen – gegossen
fließen – geflossen

Diese Beispiele liefern jedoch gleichzeitig die Begründung dafür, dass so nur mit dem Verb *genießen* verfahren wird: Das *ß*.
Damit fügt es sich nämlich (im Gegensatz zu *niesen*) in die Reihe ein.

32. Herzlich willkommen

Entgegen vieler Annahmen (und Türmatten) ist *Herzlich Willkommen* tatsächlich falsch.

Hier muss willkommen kleingeschrieben werden, da es eben nicht *das Willkommen* ist, sondern *jemand* willkommen ist bzw. geheißen wird.
Die Formel ist nämlich eine Kurzform von *Seien Sie herzlich willkommen*.

Das heißt aber natürlich nicht, dass willkommen nicht auch großgeschrieben werden kann.
Nämlich immer dann, wenn es als Substantiv auftritt, wie beispielsweise in *ein herzliches Willkommen*.

Also: Heißt eure Mitmenschen willkommen und erzählt ihnen davon, wenn sie sich das nächste Mal eine Fußmatte zulegen, die diese Regel ignoriert.

33. Satzzeichen retten Leben

Es gibt eine ganze Reihe von Beispielen, in denen falsch (oder gar nicht) gesetzte Kommata nicht nur unschön aussehen, sondern auch richtig gefährlich werden können.

Beispielsweise im berühmten Satz

Komm, wir essen, Opa

Komm, wir essen Opa.

Ob der gute Mann nun eine Einladung zum Essen erhält, oder selbst auf der Speisekarte steht, hängt einzig und allein von einem kleinen Strich im Satz ab.
Hier ein paar weitere Beispiele, bei denen das Komma Einfluss auf den Sinn des Satzes hat:

Das Medikament, nicht Alkohol, macht uns gesund.
Das Medikament nicht, Alkohol macht uns gesund.

Das Experiment funktioniert, nicht weglaufen!
Das Experiment funktioniert nicht, weglaufen!

34. Auslassungspunkte

Dieser Satz ist nicht ganz richtig...
Denn vor den drei Auslassungspunkten (ja, so heißen die Dinger) fehlt hier ein Leerzeichen.

Das Leerzeichen muss gesetzt werden, da die drei Punkte den Satz nicht wie ein normaler Punkt beenden, sondern ihn mehr oder weniger offen stehen lassen.
Daher gehören sie nicht zum letzten Wort, sondern fungieren als eigenes Stilmittel, das somit auch selbstständig im Satz steht.

Setzt man die Punkte mitten im Satz, da ein Wort ausgelassen wurde und man es mit den Auslassungspunkten ersetzt, setzen wir auch danach ein Leerzeichen. Selbiges gilt für die drei Punkte am Satzende – der neue Satz beginnt dann erst nach dem Leerzeichen.

Erwähnenswert ist auch noch, dass es sich immer um genau drei Punkte handelt und man weder weniger (Ich glaube das nicht ..), noch beliebig viele setzen kann, (Das darf doch nicht sein ....), jedenfalls nicht in der Standardsprache.

35. Eckige Klammern

Wo wir uns gerade schon im Bereich der Interpunktion (Zeichensetzung) bewegen, nun ein paar Worte zu den eckigen Klammern.
Alle kennen sie, aber nur wenige nutzen sie.
Neben diversen Verwendungen im fachsprachlichen Kontext, beispielsweise in der Lautschrift, verwenden wir die eckigen Klammern im Deutschen, um etwas in Klammern zu setzen, was bereits in runden Klammern steht.

Ein Beispiel dafür wäre:

Die Standardsprache (Sprache, die wir nach Normen und Regeln in der Öffentlichkeit sprechen [nicht zu verwechseln mit Umgangssprache]) wird in diesem Buch erläutert.

Abgesehen von diesem Aspekt werden die eckigen Klammern im Satz genauso behandelt wie die runden.

36. Um Gottes willen

Du schreibst *um Gottes Willen*, weil es der Wille Gottes ist und Nomen großgeschrieben werden?
Dann liegst du damit leider nicht ganz richtig.
Der Wille als Substantiv wird zwar großgeschrieben, hier ist *um ... willen* jedoch ein Zirkumfix, also etwas, das zwei Bestandteile hat und einen anderen Ausdruck einschließt.

Beispiele dafür sind:

be ... en (**be**komm**en**, **be**stell**en**, **be**schließ**en**)
er ... en (**er**reich**en**, **er**rat**en**, **er**schieß**en**)

Neben diesen Affixen, die aus wenigen Buchstaben bestehen, kann auch ein ganzes Wortgefüge wie *um ... willen* ein Zirkumfix bilden.

In *um des lieben Friedens willen* wird deutlicher, warum *willen* hier kleingeschrieben wird.
Hier ist abermals nicht der Wille gemeint, sondern dass etwas gewollt ist (hier: der Frieden).

Um jemandes willen heißt also soviel wie *ihm zuliebe* oder *aufgrund jemandes* und meint nicht den *Willen* einer Person.

37. Inbusschlüssel

Wer gehört auch zu den Leuten, die eine zu lange Zeit lang das nützliche Werkzeug *Imbusschlüssel* ausgesprochen und geschrieben haben?

Der korrekte Name lautet Innensechskant; *Inbus* ist lediglich der Markenname eines Herstellers.
Allerdings keinesfalls *Imbus*.

Dass hier ein Markenname repräsentativ für ein Produkt genutzt wird, ist keine Seltenheit und begegnet uns auch in ***Tempo***_taschentuch_, ***Zewa***_rolle_ und vielen weiteren.

Dies könnte gleichzeitig auch eine Erklärung für die häufig falsche Schreibweise von *Inbus* sein, da Markennamen lediglich ausgedachte Wörter (oder Personennamen) sind, die im alltäglichen Sprachgebrauch nicht einzeln vorkommen, während Begriffe wie Innensechskant ein Kompositum aus den Wörtern innen, sechs und Kante ist, deren Schreibweise im Einzelnen allgemein bekannt ist.

38. Danke schön!

Ein weiterer Ausdruck, der häufig Verwirrung stiftet, ist die Schreibung der Dankesformel.

Dankeschön zusammenzuschreiben ist jedoch nicht falsch, sondern sogar die einzige Option, wenn das Dankeschön als Nomen gebraucht wird:

Als *Dankeschön* hab ich hier eine Kleinigkeit für dich!

Danke schön wird jedoch immer dann geschrieben, wenn wir die Dankesformel meinen, die für sich steht:

„Ich hab dir Blumen mitgebracht." „Danke schön!"

Hierbei handelt es sich um eine Art Kurzform von *Ich danke schön*.

39. Haben oder sein?

Partizipien werden im Deutschen mit den Hilfsverben *haben* und *sein* gebildet. Doch gelegentlich werden die beiden Verben verwechselt.
Nun räumen wir mal mit zwei häufigen Zweifelsfällen auf.

1. Ich habe angefangen.
   Häufig hört man: „Ich *bin* angefangen", doch diese Formulierung ist falsch. Anfangen wird mit *haben* gebildet und nicht mit sein.

2. Ich habe gestanden.
   Auch hier wird fälschlicherweise häufig gesagt, dass jemand gestanden *ist*, obwohl er in Wahrheit gestanden *hat*.

Es gibt sogar eine allgemeingültige Regel, an der man sich orientieren kann, wenn man sich unsicher ist, welches Hilfsverb anzuwenden ist:

Bin bei Bewegungen und Zustandsveränderungen
Habe bei allem anderen

Wird im Deutschen also beispielsweise eine Bewegung wie laufen, fliegen oder fahren beschrieben, so *ist* man gelaufen, geflogen oder gefahren.
Liegt keine Bewegung oder Veränderung des Zustandes vor, *hat* man gestanden, gesessen oder gelegen.

40. Sarkasmus oder Ironie?

Menschen geben häufig an, sie sprächen fließend *Sarkasmus und Ironie*.
Doch nur wenige können die beiden Begriffe voneinander abgrenzen und vollständig definieren.

Ironie findet sich in Aussagen, in denen das Gegenteil vom Gesagten zur Sprache kommt.
Hat also beispielsweise unser Zug Verspätung, was wir in der Regel ganz und gar nicht toll finden, so können wir mit der ironischen Aussage *Na, ganz toll!* Unseren Ärger ausdrücken.
Sarkasmus ist das allerdings nicht.

Dieser beinhaltet in der Regel Spott oder Hohn: Was macht dein Friseur eigentlich beruflich?
Auch hier wird nicht direkt das gesagt, was gemeint ist, da man ja nicht wirklich davon ausgeht, dass die angesprochene Person keinen Berufsfriseur hat, die Aussage ist jedoch, im Gegensatz zur Ironie, mit einer gewissen Intention verbunden.
Daher ist Sarkasmus in der Regel verletzend und Ironie ohne konkrete Intention.

Ironie kann neben der Art und Weise, wie etwas gesagt wird, allerdings noch eine zweite Bedeutung haben.
Diese ist aus Sicht mancher etwas aus der Zeit gefallen, findet jedoch ab und zu noch Anwendung.
Man spricht davon, dass etwas eine gewisse Ironie hat,

wenn eine unerwartete Pointe in einem Ereignis auftritt, die fast schon vom Schicksal geplant scheint, beispielsweise wenn das verschenkte Los des Lottospielers, das er verkauft hatte, um schnell an Geld zu kommen, den Jackpot enthält.

Tätigt also jemand Aussagen aus Spaß und ohne böse Absicht, ohne konkret das Gegenteil zu meinen oder jemanden zu verspotten, so bedient er sich dabei weder der Ironie noch des Sarkasmus.
Häufig liest man auch in Videos, in denen ein Sachverhalt schlicht falsch dargestellt wird, relativierend das Wort *Ironie*, was aber nach eben genannter Definition in solchen Situationen fehl am Platz ist.

41. Superlative – groß oder klein?

Ist etwas *am besten* oder *am Besten?* Das Wörtchen *am* könnte auf die Großschreibung schließen lassen, da es für *an dem* steht und *der* ein Artikel ist.
Doch tatsächlich wird der Superlativ (die höchste Steigerungsform) immer dann kleingeschrieben, wenn er sich wie ein gewöhnliches Adjektiv erfragen lässt:

Wie ist etwas? Am besten.

Häufig substantivieren wir jedoch auch die entsprechenden Adjektive. In diesem Fall schreiben wir sie groß:

Das ist *das Beste*, was uns passieren konnte.

Aufpassen müssen wir hier jedoch, wenn sich das gesteigerte Adjektiv auf ein Nomen bezieht. In diesem Fall schreiben wir es klein:

Dieses Buch ist *das beste* von allen.

Hier hieße die Phrase ausgeschrieben *das beste Buch*, weshalb *beste* in diesem Ausdruck nicht als Nomen fungieren kann.

42. Bairisch

Ja, dieses Wort sieht falsch aus.
Und es gibt auch das Wort bayrisch bzw. bayerisch, allerdings sind die unterschiedlich geschrieben Begriffe kontextgebunden und nicht immer korrekt.

Bayrisch in der Umgangssprache oder bayerisch in der Standardsprache schreiben wir immer dann, wenn wir uns auf etwas beziehen, das mit dem Bundesland Bayern zu tun hat, dessen Einwohner betrifft oder aus Bayern stammt.
Also beispielsweise *der bayrische Lebensstil* oder *die bayrischen Handwerker.*

Bairisch hingegen beschreibt den bairisch-österreichischen Dialekt, der überwiegend in Süddeutschland gesprochen wird.

Sprechen wir also von der Sprache im linguistischen Sinne, so ist die Schreibweise mit **i** korrekt.
In allen anderen Fällen weicht das **i** dem **y**.

43. ss oder ß?

Wann schreiben wir *ss* und wann nutzen wir das *ß*?
Seit der letzten Rechtschreibreform ist das *scharfe S* grundsätzlich nur noch nach langen Vokalen erlaubt.
Zuvor waren Schreibweisen wie beispielsweise *unterlaßen* noch zulässig.
Zu der aktuellen Regelung gibt es einen einfachen Merkspruch:

Die kurze G**a**sse,
die lange Str**a**ße

Haben wir also einen kurzen Vokal wie das *a* in *Gasse*, so folgt darauf ein *ss*.
Im Falle des langen *a* wie in *Straße* ist die Schreibung mit *ß* korrekt.

Falsch ist demnach auch das Ersetzen eines *ß* nach einem langen Vokal durch das *ss*, wie es der Einfachheit halber häufig in Chats getan wird, beispielsweise in Strasse, Massband oder Spass.

Übrigens: Es gibt kein Wort, das mit ß beginnt. Dennoch hat es inzwischen ein großes ß in die amtliche deutsche Rechtschreibung geschafft. Grund dafür ist unter anderem, dass Wörter in Großbuchstaben teilweise eines solchen Buchstaben bedürfen. *STRASSE* beispielsweise war bis zu diesem Zeitpunkt korrekt, bei Namen jedoch lassen sich Buchstaben verständlicherweise nicht einfach abändern, sodass es inzwischen auch eine große Version des *scharfen S* gibt.

44. Gar nicht

Gar nicht wird gar nicht zusammengeschrieben.
Dieser einfache und doch recht häufig missachtete Merksatz fasst die Regelung um die Schreibung dieses Ausdrucks recht gut zusammen.

Die Schreibweise *garnicht* ist demnach nicht korrekt, was daran liegt, dass es sich dabei nicht um ein eigenes Wort handelt, sondern *gar* für sich allein die Bedeutung *sehr* oder *ziemlich* hat und somit die Verneinung bestärkt.
Immerhin schreibt man auch nicht *sehrgut* oder *überhauptnicht*.

Inzwischen ist der reine Ausdruck *gar* auch weniger gängig (was gar schade ist) und kommt nur noch in Fügungen wie eben *gar nicht* vor.

45. Auf jeden Fall

Diese drei Wörter schreiben wir auf jeden Fall getrennt. Häufig sieht man *„aufjedenfall*, a*ufjeden Fall* oder *auf jedenfall*.

All diese Varianten sind jedoch falsch.

Häufig ist man bei zusammenhängenden Ausdrücken gewillt, diese auch zusammenzuschreiben.
Dabei darf man jedoch nicht vergessen, dass auch dieser Ausdruck, ähnlich wie bei *gar nicht*, irgendwann einmal unter Berücksichtigung der Bedeutungen der einzelnen Komponenten entstanden ist.

Wenn wir heute *gar nicht* oder *auf jeden Fall* sagen, denken wir kaum noch über die einzelnen Bestandteile und deren ursprüngliche Bedeutung nach, da sie sich als Phrasen in unserem Wortschatz manifestiert haben.
Das ist jedoch kein Indiz auf Zusammenschreibung, weshalb auch hier *auf jeden Fall* getrennt geschrieben wird.

46. Auf oder offen?

Ist die Tür nun auf oder ist sie offen?

Umgangssprachlich ist beides absolut okay.
Doch in der Standardsprache nutzen wir *auf* nur in Verbindungen mit Verben, die eine Bewegung ausdrücken:

aufmachen, **auf**gehen, **auf**heben

Ist etwas geöffnet, wie beispielsweise die Tür, so ist sie standardsprachlich *offen*.

Geht es also um den Vorgang der Öffnung, sagen wir *auf-*, geht es um den Zustand, heißt es *offen*.

47. Paprika

Wenn man jemandem nach dem korrekten Artikel des Wortes Paprika fragt, so bekommt man in der Regel *die Paprika* zu hören.
Doch tatsächlich ist auch *der Paprika* möglich und zwar immer dann, wenn die Paprikapflanze gemeint ist.

In diesem Kontext ist *der Paprika* laut Duden sogar alternativlos, bei der Frucht gelten sowohl der männliche als auch der weibliche Artikel als zulässig.

Zusammengefasst lässt sich sagen, dass der Paprika zumindest nie falsch, der weibliche Artikel für die Frucht des Paprikas jedoch geläufiger ist.

48. Kirmessen

Dieser irgendwie fantasievoll erfunden klingende Plural trifft häufig auf Ungläubigkeit, wenn ich ihn benutze. Doch *Kirmessen* ist die korrekte Mehrzahl von *Kirmes*.

Grund dafür ist der Ursprung des Wortes.
Kirmes leitet sich von Kirchweihmesse oder Kirchmess ab, da Jahrmärkte im Mittelalter von der Kirche organisierte Veranstaltungen waren.
Der Plural von Messe lautet bekanntermaßen Messen, dementsprechend verhält es sich mit Kirmes.

Solltest du also das nächste mal eine Kirmes besuchen, kannst du nun mit dieser (eventuell) neu erworbenen Kenntnis für Staunen sorgen.

49. Brillant im Billard

Ob dieses Schicksal auf dich zutrifft, kann ich leider nicht sagen, aber zumindest wirst du diese beiden Wörter nie wieder falsch schreiben.

Denn die beiden aus dem Französischen stammenden Begriffe werden zwar mit einem *i* nach dem *ll* gesprochen, jedoch nicht geschrieben.

Ürigens: Im Englischen werden *Billard* und *brilliant* beide mit i geschrieben, also *Billiards* und *brilliant.*
Wie weit man dem Fremdwort aus einer andern Sprache also bei der Eingliederung in die eigene entgegen kommt, variiert von Sprache zu Sprache.

50. Selb(st)ständig

Inzwischen sind wir ungefähr an der Hälfte dieses Buches angelangt und wir nehmen uns diesen Augenblick, um die korrekte Schreibweise von selbstständig zu klären.

Denn wie man in der Überschrift schon sieht, kann man sich tatsächlich aussuchen, ob man das Wort mit zwei *st* oder nur mit einem schreiben will.
Somit sind selbstständig und selbständig in der Standardsprache zulässig.

Der Duden empfiehlt jedoch die Schreibweise selbstständig und verweist damit auf die beiden Bestandteile *selbst* und *ständig*, die in dem Wort vorkommen.
Der Grund dafür, dass auch selbständig als korrekt gilt, ist, dass früher auch *selb* ein eigenes Wort war, und selbständig sogar daraus entstanden ist.
Heute begegnet es uns nur noch in Zusammensetzungen wie *derselbe* oder *dasselbe*.

51. Wieder/wider

Die Frage, ob ein *ie* oder ein *i* stehen muss, ist berechtigt, da im Deutschen immerhin 22% der Wörter mit einem langen i ohne darauffolgendes e geschrieben werden, wie beispielsweise *Tiger* oder *Igel*.

Im Falle von wieder/wider sind jedoch beide Schreibweisen korrekt, allerdings, wie so oft, nur bedingt.

Wieder mit dem *ie* schreiben wir, wenn wir *erneut* meinen:

zum **wieder**holten Male; Kannst du mir das **wieder** zurückbringen; Ich will mal **wieder** in den Urlaub.

Wider bedeutet soviel wie *gegen*:

Das ist mir zu**wider**, ich bin **wider** diese Regel.

Vorsicht gilt bei dem Wort widerspiegeln, bei dem man annehmen könnte, dass es soviel bedeutet wie (wieder) zurückspiegeln.
Hier ist allerdings gemeint, dass etwas entgegen und somit *wider* der ursprünglichen Richtung gespiegelt wird, weshalb wir widerspiegeln ohne *ie* schreiben.

52. Präpositionen vor Jahreszahlen

Häufig hören wir Formulierungen wie *in 2020*, diese sind jedoch nur im Englischen korrekt.

In der deutschen Sprache sagen wir entweder *im Jahr 2020* oder einfach nur *2022 habe ich jenes und solches getan*.

Die Präposition *in* hat somit im Bezug auf Jahreszahlen im Deutschen nichts verloren.

53. Der Konjunktiv

Wir fahren fort mit ein bisschen Grammatik und befassen uns in diesem Punkt mit dem allseits beliebten Konjunktiv!

Den Konjunktiv 1 nutzen wir zumeist für die indirekte Rede.
Er wird mit den Konjunktiv-Endungen wie -e oder -en gebildet:

Max sagt, er **habe** Hunger.
Emely meint, sie **sei** glücklich (hier unregelmäßig)

Mit dem Konjunktiv 2 drücken wir Unwahrscheinliches oder Unrealistisches aus. Ihn bildet man klassischerweise mit dem Präteritum + Endung:

Ich dachte, du wolltest essen.
Ich wünschte, du hieltest Abstand.

Hier wird auch der Unterschied zwischen *sei* und *wäre* deutlich.
Während wir *sei* mehr zur Wiedergabe benutzen (Er sagt, er **sei** schön), nutzen wir *wäre* nur dann, wenn das beschriebene Ereignis sicher nicht eintritt bzw. nicht eingetreten ist (Ich hoffte, er **wäre** schön).

Doch alle Freunde des Infinitivs dürfen sich dennoch

freuen: Der Konjunktiv lässt sich auch mit würde bilden:

Ich hoffte, er **würde** schön sein.
Er sagte, es **würde** ihm gefallen.

54. Geschalten?

Bei den meisten Wörtern gibt es unter Muttersprachlern keine Meinungsverschiedenheiten über die Endungen im Partizip 2:
Etwas wird gegessen und nicht geesst, und jemand wird verraten und nicht verratet.

Anders jedoch bei dem Wort *schalten*, das im Partizip korrekterweise auf *-t* endet, aufgrund der Verbreitung von *geschalten* im süddeutschen Raum jedoch häufig falsch konjugiert wird.

Leider ist die deutsche Sprache auch in diesem Punkt zu unregelmäßig, um eine allgemeine Regel formulieren zu können.
Im Fall von *spalten* beispielsweise, das im Präsens genauso wie *schalten* konjugiert wird, wird das Partizip mit *-n* gebildet (*gespalte**n***).

55. Herr(n)

Freuen sich Sozialdemokraten, von Herr Scholz regiert zu werden? Oder doch eher von Herrn Scholz regiert zu werden? Und wie lautet die Regel dazu?

Diese ist recht einfach:

Im Nominativ heißt es *Herr*:

Wer oder was ist Bundeskanzler? Herr Scholz.

In allen andern Fällen sagen wir *Herrn*:

Wem flüstere ich etwas zu? (Dem) **Herrn** Scholz
Wessen Hut ist das? **Herrn** Scholz' Hut.
Wen oder was ernennt der Bundespräsident zum Kanzler? (Den) **Herrn** Scholz.

56. Apostroph

Zurück im Bereich der Zeichensetzung widmen wir uns nun dem Apostroph.
Es kann unter anderem für Besitzangaben benutzt werden, allerdings nur, wenn der entsprechende Name auf einen Zischlaut (beispielsweise s, ß, z) endet:

Markus' Restaurant
Thomas' Frau

Durch dieses Apostroph machen wir deutlich, dass der Name auf den letzten Buchstaben endet: Thomas' – Thomas.

Endet der Name auf einen anderen Laut, wie zum Beispiel ein *a*, fügen wir ihm bei Besitzangaben ein *s* hinzu, lassen das Apostroph in der Regel jedoch weg.

Lenas Tasche (nicht Lena's)

Allerdings: Der Duden erlaubt das Apostroph auch bei Namen, die nicht auf einen Zischlaut enden, wenn der Name besonders hervorgehoben werden soll, wie es beispielsweise bei Markennamen der Fall ist. Demnach ist *Alexander's Restaurant* nicht prinzipiell falsch.
Wichtig ist, das Apostroph nicht hinter das hinzugefügte *s* zu setzen, da dann *Alexanders' Restaurant* das Restaurant von jemandem mit dem Namen Alexanders wäre.

Auch wenn wir Endungen von Verben weglassen, findet das Apostroph Anwendung:

Ich glaube, ich *seh'* nicht recht.
Wart' doch mal auf mich!

Niemals jedoch darf das Apostroph bei Pluralformen gesetzt werden. Es sind also zwangsläufig die Autos und nicht die Auto's.

57. Grammatisch vs. grammatikalisch

So weit, so gut. Doch was ist denn jetzt der Unterschied zwischen grammatikalisch und grammatisch? Und gibt es überhaupt einen?

Im engeren Sinne: Ja.

Mittlerweile sind die beiden Begriffe *grammatisch* und *grammatikalisch* zulässig, wenn wir etwas beschreiben wollen, was die Grammatik betrifft.
So kann man sich über grammatikalische Fehler genauso aufregen wie über grammatische Fehler.

Grammatisch hat allerdings noch eine weitere Bedeutung; nämlich *der Grammatik gemäß*.

Der Satz *Der Ding war bei mich zu Hause* ist ungrammatisch, weil er nicht den Regeln der Grammatik entspricht.
Ungrammatikalisch hingegen kann er nicht sein.

Strengeren Definitionen zufolge bezeichnet *grammatisch* ausschließlich *den Regeln der Grammatik entsprechend,* womit eine schärfere Trennlinie zwischen den beiden Wörtern gezogen wird.

58. Wörter oder Worte?

Häufig lassen sich die beiden Wörter synonym verwenden.
Doch streng genommen gibt es auch hier einen Unterschied.

Wörter bezeichnet die einzelnen Wörter als Einheiten in einem Satz.
So sind Sätze etwa aus *Wörtern* zusammengesetzt und viele deutsche *Wörter* sind Fremdsprachlern unbekannt.

Der Begriff *Worte* hingegen findet häufig in Redewendungen Anwendung oder bezieht sich auf die ganze Sprache, nicht nur auf aus Buchstaben zusammengesetzte Einheiten.
So kann man etwa um *Worte* ringen oder findet die richtigen *Worte* bei einer Ansprache.

59. Statuuuus

So in etwa spricht man den Plural von *Status* aus. Das weit verbreitete *Stati* hingegen ist falsch. Die Mehrzahl von Status wird auch nicht anders geschrieben als der Singular, nur die Aussprache wird angepasst – ein lang gesprochenes *u*:

Ein Status – zwei Status

Jap, manche Regeln brauchen kaum eine halbe Seite.

60. Zuhause – zu Hause – zuhause

Zuerst die gute Nachricht: Alle drei Schreibweisen sind richtig. Allerdings, wie war es anders zu erwarten, nicht immer.

Die Ausdrücke zuhause und zu Hause sind synonym zu verwenden:

Ich war heute morgen *zu Hause*.
Ich bin morgen wieder *zuhause*.

Das klein und getrennt geschriebene *zu hause* hingegen ist nicht korrekt.

Das großgeschriebene *Zuhause* fungiert ausschließlich als Substantiv und darf bei nominaler Verwendung auch nicht anders geschrieben werden:

Das ist mein Zuhause.
Wir haben jetzt ein neues Zuhause.

61. Anführungszeichen

Häufig erreicht mich die Frage, wann man Anführungszeichen wie setzt.
Grundsätzlich setzt man sie immer bei direkter Rede bzw. Zitaten oder um bestimmte Wörter oder Satzteile hervorzuheben.

Die Frage nach dem *Wie* ist jedoch einfach beantwortet:
Im Deutschen setzen wir die ersten Anführungszeichen immer unten und die zweiten immer oben.
Verwendungen der Anführungszeichen wie im Satz:

Er sagte: "Es ist kalt draußen"

sind somit falsch.

Auch ist zu beachten, dass die Anführungszeichen fest an das gebunden sind, was in Anführung steht.
Daher darf man nach den Anführungszeichen unten nicht trennen.
Der Doppelpunkt bei wörtlicher Rede gehört zu dem Satz, den er abschließt.
Eine korrekte Trennung wäre demnach:

Er sagte:
„Es ist kalt draußen."

62. Einfaltspinsel

Ja, richtig gelesen, mit dieser scherzhaften Bezeichnung ist tatsächlich nicht gemeint, dass jemand besonders einfallsreich war.
Denn das häufig genutzte Wort *Einfallspinsel* gibt es in dieser Form gar nicht.
Richtig wäre *Einfaltspinsel*, was jemanden bezeichnet, der sich einfältig, naiv oder dumm verhält.

Aufgrund des nahezu stummen t-Lautes hat sich Einfallspinsel mit einer deutlich positiveren Konnotation irgendwann in den gesellschaftlichen Wortschatz integriert.
Ist ja irgendwie auch ein ganz netter Begriff.

63. Bescheid

Wisst ihr denn jetzt über 62 Regeln des Deutschen bescheid oder Bescheid?

Dieser Begriff wird nie kleingeschrieben. Er bezieht sich immer auf den Bescheid und auch im Kontext von *Bescheid geben / Bescheid wissen* schreiben wir ihn groß.

So geben wir (den) Bescheid und wissen (von dem) Bescheid.

Weißte Bescheid?

64. Das Semikolon

Das Semikolon gehört wohl zu den mysteriöseren Zeichen der deutschen Sprache, weshalb es viele gar nicht nutzen.
Doch es kann sehr praktisch sein und die Aussage deutlich präzisieren.

Es handelt sich dabei um eine Art Kombination aus Doppelpunkt und Komma, wobei es die beiden Bestandteile weniger voneinander abtrennt als ein Doppelpunkt und mehr als ein Komma.
Wir können es beispielsweise in folgendem Satz setzen:

Gestern Abend war ich auf einer Party; wir waren zu fünft und haben viel zu laut Musik gehört.

Hier würde ein Doppelpunkt die beiden Sätze zu stark voneinander trennen, da die Aussage ja nicht nur auf den zweiten Satz hinausläuft.
Ein Komma trennt die beiden Sätze jedoch nicht stark genug voneinander, da der Satz dann wie eine Aufzählung von Ereignissen aussähe.
So können wir mit dem Semikolon verdeutlichen, dass das zweite Ereignis aus dem ersten resultiert, beide jedoch ihre Wichtigkeit haben.

Außerdem: Nach dem Semikolon wird (wie nach einem Komma) klein weitergeschrieben.
Vorausgesetzt natürlich, es folgt kein Wort, das grund-

sätzlich großgeschrieben wird.

65. Dieses / diesen Jahres

Heißt es nun Ende dieses Jahres oder Ende diesen Jahres?

Die weit verbreitete Formulierung *Ende diesen Jahres* setzt *Jahres*, was ja schon die Genitiv-Endung *-es* hat, in den Akkusativ und gilt somit als standardsprachlich nicht korrekt.
Auf Anfang oder Ende folgt in solchen Fügungen immer der Genitiv:

Anfang welches Jahres? Anfang de**s**, also diese**s** Jahre**s**.

Anfang/Ende nächsten Jahres ist jedoch korrekt, da hier auch der Artikel *des* eingefügt werden kann:

Ende ***des*** *nächsten* Jahres wollen wir Skifahren.

Bei *diesen Jahres* wäre das nicht möglich (*des diesen Jahres*); somit müssen wir hier die Genitiv-Endung direkt dem Pronomen hinzufügen (*dieses*).

66. Immer mal öfters …

… sagen wir öfters. Doch dieses Wort ist rein umgangssprachlich.

Die standardsprachliche Steigerung von *oft* ist *öfter.*

Der Duden stuft den Begriff als *österreichisch, schweizerisch, sonst landschaftlich* ein und verweist unter dem Punkt *Bedeutung* auf *öfter.*

Falsch ist der Begriff demnach nicht (komplett falsche Begriffe schaffen es nicht einmal in den Duden), aber in der offiziellen deutschen Standardsprache, etwa in Klausuren oder Verträgen, hat er somit nichts verloren.

67. Das rosane Kleid, das es nicht gibt

Häufig hören wir auch das *rosane* oder das *lilane* Etwas. Doch dieses Endung *-ne* nach Farben kommt nur zur Anwendung, wenn die Farbe auch auf *-n* endet (grün – das grüne Kleid).

Ansonsten hängen wir häufig nur ein *e* dran; das rot**e** Kleid, die blau**e** Hose.

Endet eine Farbe jedoch auf *a*, wie *rosa* oder *lila,* lassen wir sie entweder so, wie sie ist (das rosa/lila Kleid) oder weichen auf das rosafarbene/lilafarbene Kleid aus.

Das *rosane Kleid* hingegen ist nicht korrekt.

68. Soviel oder so viel?

Getrennt oder zusammen – Das ist hier die Frage.

Soviel ist eine Konjunktion und findet Anwendung in Sätzen wie:

Soviel ich weiß, gibt es gleich Essen.
Soviel mir bekannt ist, haben alle Hunger.

So viel hingegen schreiben wir in allen anderen Kontexten.
Dabei bezieht sich *viel* in der Regel auf eine Menge:

Ich esse *so viel*, wie ich will.
Ich habe nicht einmal halb *so viel* Glück wie du.

69. Mit mir, ohne mich

Eine Frage, die mich auf Instagram erreichte, war, wieso es *mit mir*, aber *ohne mich* heiße.

Der Grund dafür liegt in den unterschiedlichen Fällen. Nach der ersten Formulierung würde man fragen: *mit* ***wem****?* (Dativ), nach der zweiten mit: *ohne* ***wen****?* (Akkusativ).

Dazu passend wird auch das Personalpronomen *Ich* in den unterschiedlichen Fällen unterschiedlich dekliniert. Im Dativ ist es *mir*, im Akkusativ *mich*.
So kommt der Unterschied bei den beiden Ausdrücken zustande.

70. Die vier Fälle

Viele haben sie sich gewünscht – Jetzt ist der Zeitpunkt für die große Zusammenfassung gekommen.
In Punkt 70 dreht sich alles um die vier Fälle.

Erst einmal: Was sind die vier Fälle überhaupt?
Der Fall, auch Kasus genannt, ist eine Kategorie, in die sich jedes nominale Wort einordnen kann.
Jedes Nomen, jeden Subjekt und jedes Objekt steht in einem dieser viel Fälle.

<u>Nominativ</u>

Dieser Fall lässt sich mit *Wer oder was* erfragen.
Ich gehe heute ins Kino.
Wer oder was geht heute ins Kino? *Ich*.
Somit steht *Ich* im Nominativ.

<u>Dativ</u>

Hier lautet die Frage: *Wem?* (Vorsicht: Nicht *Wem oder was?*)
Ich gehe heute mit Laura ins Kino.
Mit *wem* gehe ich heute ins Kino? Mit Laura. *Laura* steht also im Dativ.
Mit was wäre grammatikalisch unkorrekt, weshalb nach dem Dativ nur mit *wem* gefragt wird, selbst, wenn Dinge gemeint sind (Mit *wem*? Mit *dem* Gegenstand)

Genitiv

Er dürfte wohl die meisten Anhänger, aber auch die meisten Ignoranten haben.
Nach dem Genitiv fragen mir mit *Wessen?*
Ich gehe heute mit Anna in Lauras Kino.
In *wessen* Kino? Lauras.
Somit steht *Laura* hier im Genitiv.

Akkusativ

Zu guter Letzt behandeln wir den Akkusativ, der mit *Wen oder was?* erfragt werden kann.
Ich gehe heute mit Anna, die einen Rock trägt, in Lauras Kino.
Wen oder was trägt Anna? Einen Rock.
Der Rock steht also im Akkusativ.

Wichtig ist, dass die Antwort auf *Wen* nicht immer *Den* und die Antwort auf *Wem* nicht immer *Dem* ist:

Ich gehe mit *den* Freunden ins Kino. Mit *wem*? Mit *den Freunden*.

Ist doch alles gar nicht so kompliziert :)

71. Zurecht / zu Recht

Wie so häufig ist auch hier beides je nach Kontext korrekt.

Bei *zurecht* handelt es sich um ein Präfix:

Ich komme schon **zurecht** / Ich finde mich **zurecht**.

Es steht zwangsläufig mit einem Verb in Verbindung (zurechtfinden, zurechtkommen).

Wollen wir ausdrücken, dass etwas berechtigterweise geschieht, schreiben wir *zu Recht.*

Wir haben **zu Recht** gewonnen!
Der Wissenschaftler hat den Preis **zu Recht** erhalten.

72. Warum manche Länder einen Artikel haben

Ich fliege in die Schweiz, aber nach Deutschland.
Aber warum?

De facto haben alle Länder einen Artikel, doch die meisten sind sächlich.
So auch das Deutschland, das Österreich und das Ägypten.
Da diese Länder in der großen Mehrheit sind und den „Normalfall" bilden, lässt man deren Artikel einfach weg.

Anders bei Ländern mit einem männlichen oder weiblichen Artikel:
So reist man in *den* Jemen, in *die* Ukraine und in die Türkei.

Es trifft also nicht zu, dass nur manche Länder einen Artikel haben – Bei den meisten wird er lediglich weggelassen.

73. Angewandt oder angewendet?

Auch hier fragen sich viele nach dem korrekten Partizip: Hat man eine Theorie nun angewendet oder angewandt?

Zwischen diesen beiden Formen gibt es keinen Bedeutungsunterschied, sie sind beide in der Standardsprache zulässig.

Die stark gebeugt Form *angewandt* konnte sich jedoch in einigen Bereichen durchsetzen, ein Beispiel dafür ist die *angewandte Physik.*

74. Plusquamperfekt

Das sagenumwobene Plusquamperfekt, auch vollendete Vergangenheit genannt, ist eine Zeitform der deutschen Sprache.

Mit ihm können wir Ereignisse ausdrücken, die vor dem eigentlichen Ereignis geschehen sind.
Wir bilden das Plusquamperfekt entweder mit haben (hatte) oder mit sein (war).

Bevor ich den Müll herausbrachte, **hatte** ich noch meine Zähne geputzt.

Ich **war** gelaufen, bevor ich duschte.

Im Perfekt hieße beispielsweise der erste Satz:

Bevor ich den Müll herausbrachte, **habe** ich noch meine Zähne geputzt.

Das Perfekt verwenden wir jedoch nur dann, wenn das beschriebene Ereignis vor Kurzem und in der Regel als Letztes geschah:

Ich **habe** heute morgen gegessen. Doch bevor ich aß, **hatte** ich noch einen Film geschaut.

75. Ich schätze wert oder wertschätze?

Grundsätzlich lässt sich das Verb wertschätzen auf beide Weisen konjugieren:

Ich schätze wert / wertschätze.
Du schätzt wert / wertschätzt.

Allerdings nicht im Partizip; hier muss es immer *wertgeschätzt* heißen.

Du *schätzt* mich *wert* oder *wertschätzt* mich; ich werde von dir *wertgeschätzt*.

76. Geschleift oder geschliffen?

Diamanten werden *geschliffen*. Doch klingt *geschleift* nicht auch irgendwie richtig?
Auch hier heißt das Zauberwort: *Kontextabhängig*

Geschliffen werden, wie gesagt, beispielsweise Diamanten, wenn deren Form durchs *Schleifen* verändert wird. So werden auch Messer *geschliffen* und nicht *geschleift*, damit diese schärfer werden.

Geschleift hingegen nutzen wir, wenn Sachen hinter uns *hergeschleift* werden, also wenn wir das Ziehen über eine Oberfläche, wie einen Boden, meinen.

77. Die Ampel steht auf Grün!

Wann werden Farben groß- und wann kleingeschrieben?
Grundsätzlich ist die Frage relativ einfach beantwortet: Sie werden immer dann großgeschrieben, wenn sie als Substantive, also Nomen fungieren.
Doch hättest du gedacht, dass die Ampel auf *Rot* steht und nicht auf *rot*?

Auch in diesem Kontext steht *Rot* nämlich in der Position eines Nomens; die Ampel steht praktisch auf *dem Rot*.
Ein Indikator dafür ist die Präposition *auf*, die die Beziehung zwischen zwei Nomen aufzeigt; die Ampel (...) **auf** Rot.
Somit wird das Verhältnis zwischen *Ampel* und *Rot* durch die Präposition erklärt, was bedeutet, dass *Rot* hier ***das*** *Rot* und somit ein Nomen ist.

78. Fliehen oder flüchten?

Obwohl diese Begriffe größtenteils denckungsgeich verwendet werden (können), gibt es in der Bedeutung eigentlich einen Unterschied, über den sich nicht viele Menschen bewusst sind.

Fliehen geschieht meist auf Grundlage eines eigenen Entschlusses.
Man entscheidet zu fliehen, wenn beispielsweise eine sich anbahnende Gefahr erkannt wird. In diesem Moment bestünde aber theoretisch auch die Möglichkeit, nicht zu fliehen.

Flüchten hingegen bedeutet viel mehr in die Flucht geschlagen werden und lässt dem Flüchtenden kaum eine Wahl.

Wer also flüchtet, tut dies gegen seinen Willen, weshalb Leute, die aus ihrem Land vertrieben werden, auch eher *Flüchtlinge* genannt werden.
Bleibt jedoch eine Wahl, sodass wir unseren Aufenthaltsort nur ändern, um uns in Sicherheit zu bringen, fliehen wir.

79. Sodass/so dass

Mit diesem letzten Satz aus Punkt 78 kommen wir auch direkt zu unserem nächsten Thema:
Wann wird *sodass* zusammengeschrieben?

Antwort: Immer dann, wenn sodass eine Konjunktion ist, also zwei Satzteile miteinander verbindet:

Ich hatte heute schon gefrühstückt, *sodass* ich gerade keinen Hunger habe.

Meinen wir jedoch mit *so* ***auf diese Weise***, schreiben wir es getrennt vom *das* und fügen ein Komma hinzu.

Ich erledige die Aufgaben *so, dass* du zufrieden bist.

Allerdings: Der Duden sieht inzwischen *so dass* auch als Alternative zu *sodass* vor, empfiehlt aber letzteres.

80. Das bisschen

Der Titel mag falsch aussehen, doch tatsächlich wird *bisschen* im Sinne von *ein wenig* immer kleingeschrieben, also auch dann, wenn es aussieht wie ein Nomen. Stattdessen ist bisschen ein Adverb:

Das *bisschen* kriegst du doch wohl selbst hin!

Grund dafür ist die Abgrenzung zu der Verniedlichung von Bissen, die dementsprechend großgeschrieben wird:

Nur noch ein *Bisschen* (einen Bissen) und dann ist der Teller leer.

81. Weil oder denn?

Der Satz:

„Ich bin hungrig, weil ich habe noch nicht gefrühstückt."

klingt (zu Recht) für viele falsch.
Hier müsste eigentlich ein *denn* stehen:

Ich bin hungrig, *denn* ich habe noch nicht gefrühstückt.

Doch wie lautet die Regel dazu?

Denn leitet einen Hautsatz ein, also einen Satz, der so für sich alleine stehen könnte:

***denn** ich habe noch nicht gefrühstückt*
→ *Ich habe noch nicht gefrühstückt* ginge auch alleine.

Weil hingegen leitet einen Nebensatz ein, der nicht alleine stehen kann:

***weil** ich noch nicht gefrühstückt habe*
→ *Ich noch nicht gefrühstückt habe* ist nicht selbstständig.

82. Ein Quiz, zwei Quiz

Häufig biete ich auf meiner Seite an, sein Wissen in einem Story-Quiz zu testen.
Da dies in der Regel recht gut ankommt, fragen mich auch viele, ob es nicht bald mal wieder *Quizze* gäbe. Oder *Quizzes*. Ode Quizes.
Einig sind sich meine Follower bei dem Plural von Quiz nicht, doch die standardsprachlich korrekte Mehrzahl bekommt man am seltensten zu hören.

Bei der Pluralbildung ändert sich das Wort – ähnlich wie bei *Status* – nicht.
Doch im Gegensatz zu *Status* bleibt auch die Betonung gleich – *ein Quiz, zwei Quiz.*

83. Gewinkt oder gewunken?

Standardsprachlich richtig ist *gewinkt*.
Doch auch *gewunken* hat seine Daseinsberechtigung:

Der Duden führt *gewunken* als Alternative auf, nennt jedoch *gewinkt* zuerst.
Gewunken ist heutzutage vor allem umgangssprachlich und landschaftlich verbreitet.

Im Ursprung wird das Wort *winken* jedoch schwach gebeugt.

84. Meinetwegen/wegen mir

Viele stufen die Formulierung *wegen mir* oder *wegen dir* als furchtbar ein und tatsächlich ist sie standard-sprachlich falsch.

Wegen erfordert immer den Genitiv, also *wegen des Wetters* (nicht *wegen dem Wetter*).

Ähnlich verhält es sich bei Pronomen:
Anstatt *wegen mir/dir/ihm* sind die eleganteren (und richtigen) Alternativen:

meinetwegen
deinetwegen
seinet- / ihretwegen
unseretwegen
euretwegen
ihretwegen

85. Andere/-s/-r groß oder klein?

Grundsätzlich können wir uns merken, dass diese Ausprägungen des Wortes *anders* nie großgeschrieben werden müssen – auch nicht bei vermeintlicher Substantivierung:

*Der **andere** war das!*
*Ich habe den **anderen** genommen.*

In diesem Fall ist die Großschreibung jedoch möglich, beispielsweise um diese Substantivierung hervorzuheben:

Der **Andere** ist dafür verantwortlich!

Die Kleinschreibung ist somit (außer natürlich am Satzanfang) niemals falsch.

86. Schuld / schuld sein

Wenn wir jemanden schriftlich beschuldigen, kommt häufig die Frage nach der Groß- bzw. Kleinschreibung der Schuld auf.

Schreiben wir *schuld sein*, so schreibt sich *schuld* klein (unbeabsichtigter Merksatz).
In diesem Fall ist man nämlich nicht die Schuld an sich, sondern lediglich schuldig.

Schreiben wir jedoch, dass jemand Schuld *hat*, so wird *Schuld* großgeschrieben, da wir in diesem Fall schon die Schuld an sich meinen:

Du hast wie immer *Schuld* daran!
Niemand anders kann *schuld* sein!

87. Der oder das Moment?

Es gibt einige Wörter mit mehreren Bedeutungen, die jedoch durch unterschiedliche Artikel gekennzeichnet sind.
Eines davon ist *Moment*.

Der Moment ist der Augenblick:

Dieser Moment ist perfekt!

Das Moment hingegen bezeichnet einen ausschlaggebenden Umstand:

Das psychologische Moment ist heute ganz entscheidend!

Übrigens: In der Physik gibt es außerdem noch das Drehmoment; dieses ist ebenfalls grammatikalisch neutral.

88. Meines Wissens

Meines Wissens nach ist dieser Satz falsch.
Denn *meines Wissens* alleine reicht schon aus, um anzukündigen, was man weiß:

Meines Wissens sind die Bayern wieder mal Meister.

Meines Wissens nach hat sich als falsche Form manifestiert, die auf der Formulierung *meiner Meinung nach* beruht.

Doch in letzterem Fall wird ein Vorschlag oder ähnliches *nach* einer bestimmten Meinung formuliert.
Im Fall von Wissen wird sich das Gesagte nicht *nach* einer Meinung gebildet, sondern bezieht sich einfach auf Kenntnis – daher nur: *Meines Wissens*.

89. Noch mal oder nochmal?

Umgangssprachlich ist beides richtig, der Duden empfiehlt jedoch *noch mal*.

Wer komplett auf der sicheren Seite sein möchte, sollte beides meiden und dafür die vollständige Formulierung *noch einmal* nutzen, aus der sich die oben genannten Formen ableiten.

Der zusätzliche Vorteil dabei:
Neben der standardsprachlichen Richtigkeit (im Gegensatz zu *nochmal/noch mal*) wird *noch einmal* immer getrennt geschrieben.

Die Qual der Wahl fällt somit weg.

90. Zu oder nach?

Viele Leute fahren grammatikalisch unkorrekt nach Aldi, die meisten jedoch zu Aldi.

Die Regel lautet:
Bei geografischen Namen ohne Artikel nutzen wir *nach:*

Ich fliege *nach* Holland / Ich laufe *nach* Düsseldorf

Bei Personen oder Eigennamen (wie Marken) nutzen wir in der Regel *zu:*

Ich fahre *zu* IKEA / Ich laufe *zu* Marie.

Selbiges gilt für Gebäude (zur Schule) oder bestimmte Orte (zum Fußballplatz).

Falsch ist demnach beispielsweise:

Ich laufe nach IKEA.

91. Seitdem / seit dem

Wir schreiten weiter fort auf unserer Reise durch die deutsche Sprache und befassen uns wieder einmal mit Getrennt- und Zusammenschreibung.

Seitdem steht stellvertretend für ein Ereignis:

2014 wurde Deutschland Weltmeister. *Seitdem* will ich Fußballprofi werden.

Seit dem getrennt geschrieben verlangt nach einem Substantiv:

Seit dem letzten großen Fußballevent will ich Fußballprofi werden (seit dem Fußballevent – das Fußballevent).

92. Komma nach der Grußformel

Schreiben wir eine Mail oder einen Brief, gibt es einiges zu beachten, was uns im alltäglichen Sprachgebrauch seltener begegnet.
Dazu gehört unter anderem das Komma nach einer Anrede:

Lieber Herr Gesangsverein,

ich schreibe wegen der Chorprobe.

Hier ist das Komma essentiell, sofern kein Ausrufezeichen gesetzt wird.

Doch unbedingt weggelassen werden muss das Komma am Ende, also nach der Grußformel.
Formulierungen wie

Liebe Grüße,
Edgar

sind daher falsch, da wir ja Edgar keine Grüße ausrichten, sondern selbst Edgar sind.
Richtig wäre somit:

Liebe Grüße
Der Germanist

93. Zahlen

Schreiben wir Zahlen groß oder klein? Und schreiben wir sie aus oder als Ziffern?

Viele sind der Auffassung, Zahlen bis einschließlich 12 müssten ausgeschrieben werden.
Diese Regelung existiert jedoch in der Form nicht mehr. Somit steht es uns in der Regel frei, ob wir lieber 8 oder acht Stunden schlafen.

Maßzahlen mit anschließender Abkürzung sollten jedoch als Ziffern geschrieben werden (*9 EUR*).
Wenn anstatt der Abkürzung die Einheit ausgeschrieben wird, lässt sich auch die Zahl ausschreiben (*neun Euro*).
Zudem können Zahlen in Texten – sofern sie nicht zu unübersichtlich sind – auch durchaus ausgeschrieben werden:

Ich bin bei Punkt *dreiundneunzig* angelangt.

Dies ist auch die elegantere Schreibweise in Unterhaltungsliteratur.

94. etc.

Die Abkürzung *etc.* für *et cetera* aus dem Lateinischen sorgt in einem Punkt häufig für Verzweiflung:
Komma oder kein Komma?

Grundsätzlich gilt:
Bei Aufzählungen wird vor das etc. nie ein Komma gesetzt:

Ich verkaufe Birnen, Äpfel *etc.*

Der Grund dafür liegt in der Bedeutung des Ausdrucks:
Et cetera bedeutet soviel wie *und das Übrige / der Rest.* Somit wird hier ein *und* (*lat.: et*) ersetzt, vor dem wir ebenfalls kein Komma setzen würden:

Ich verkaufe Birnen, Äpfel ***und*** das Übrige.

95. Sei kein Looser – Schreib Loser.

Zugegeben, dies ist nicht unbedingt eine Regel der deutschen Sprache, da wir das Wort ohne grammatikalische Anpassung aus dem Englischen übernehmen, dennoch hat es sich im deutschen Sprachgebrauch etabliert, weshalb es hier behandelt wird.

Der langgezogene U-Laut in *Loser* mag zu einem Doppel-o verleiten, wie es auch in *cool* oder *oldschool* vorzufinden ist.
Doch die korrekte Schreibweise sieht nur ein *o* vor.

Also: Sei kein Loser und lass ein o weg. ;)

96. Tod/tot

Mit d oder doch mit t?
Im Falle dieses nicht ganz so positiv konnotierten Wortes lässt sich eine einfache Regel nennen:

Ist das Substantiv gemeint, ist es T*od*:

Ich habe gestern vom Tod des Mannes erfahren.
Der plötzliche Tod seines Bekannten tut mir leid.

Tot hingegen ist ein Adjektiv und wird daher kleingeschrieben:

Er ist jetzt wohl tot.
Die Innenstadt ist in Zeiten der Pandemie tot. (Personifikation)

Daraus ergibt sich auch die Schreibung zusammenhängender Wörter:

todlangweilig – so langweilig wie der **Tod**
totlachen – lachen, bis man **tot** ist

97. Jedermann sollte jedermann kleinschreiben

Wie es im Titel schon steht, ist die Annahme, jedermann müsse großgeschrieben werden, da ja auch Mann ein Nomen sei, falsch.

Jedermann ist ein unbestimmtes Pronomen und wird damit kleingeschrieben:

Da hätte doch *jedermann* drauf kommen können.

Es gibt Sauerstoff für *jedermann*.

Hier befinden wir uns in derselben Kategorie wie bei *manche*, *jeder*, *alle*, die wir ja auch kleinschreiben.

98. Standard

So häufig, wie in diesem Buch schon der Begriff Standardsprache vorgekommen ist, dürfte inzwischen jeder über die korrekte Schreibweise von *Standard* Bescheid wissen.

Meinen wir nicht die Art, wie jemand steht, so hat das Wort ein *d* am Ende.

Deutlich wird das jedoch nur in Begriffen wie Standardisierung, da der Plural von Standard – Standards – ebenfalls den t-Laut beinhaltet.

99. Leerzeichen vor und nach Schrägstrichen

Ein häufiges Phänomen ist, dass grundsätzlich ein Leerzeichen vor und nach einem Bindestrich gesetzt wird:

Wegen des Baums / Baumes.

Das ist aber nicht unbedingt notwendig.
Es gibt keine allgemeine Regelung dazu, jedoch eine Empfehlung im Duden:

Kein Leerzeichen bei nur einem Wort vor und nach dem Schrägstrich, Leerzeichen bei mehreren Wörtern:

Ende Juni / Anfang August, aber
Juni/August

Auf diese Weise kann man die Handhabung beispielsweise in Texten zumindest vereinheitlichen.

100. Trilogie

Wer weiß, vielleicht wird dieses Buch ja mal ein Teil dessen.
Auf jeden Fall wird es kein Teil einer *Triologie*, dieses Wort gibt es nämlich nicht.

Aufgrund des Ausdrucks *Trio* für eine Personengruppe aus drei Leuten, sind wir dazu verleitet, dieses Wort auch in anderen Kontexten, die sich auf die Zahl drei beziehen, zu verwenden.
Tatsächlich heißt die dreibändige Buchreihe jedoch nur Trilogie.

101. Langer Rede kurzer Sinn

Das mag ein passender Titel für unseren letzten Punkt sein.
Ich selbst war lange Zeit davon überzeugt, es hieße:

Lange Rede, kurzer Sinn.

Doch die richtige Schreibweise ist tatsächlich *Langer Rede kurzer Sinn*.

Der Grund dafür ist, dass es sich bei dem Sprichwort nicht um eine Aufzählung handelt (Rede + Sinn), sondern hier *der kurze Sinn der langen Rede* und somit *der langen Rede kurzer Sinn* (Genitiv) gemeint ist.
Vergleichbar ist das mit *des kleinen Mädchens Teddy* – der Teddy des Mädchens.

Langer Rede kurzer Sinn – der Sinn der Rede

Instagram (Hauptplattform)

@der.germanist

Twitter:

@der_germanist_

Shop:

der-germanist.myspreadshop.de

Eselsbrücken

Gar nicht wird gar nicht zusammengeschrieben.

Schreiben wir *schuld sein*, so schreibt sich *schuld* klein.

Wenn wider nur dagegen meint, dann ist das e dem i stets feind.

Seit steht für Zeit.

Wer brauchen ohne zu gebraucht, braucht brauchen gar nicht zu gebrauchen.

Wer nämlich mit h schreibt, ist dämlich.

Die kurze Gasse, die lange Straße

<u>Etwas zum Lachen</u>

Deutsche Sprache ist, wenn *gestern* und *morgen* im Grunde komplett gegensätzliche Wörter sind, aber *gestern Morgen* locker funktioniert.

„Sie reden ja komisch ..."

„Ja, ich weiß. Das liegt an der korrekt verwendeten Grammatik und den ganzen Sätzen.
Das überfordert viele Leute."

Alle beschweren sich wegen dem Wetter.
Außer Germanistikstudenten, die beschweren sich wegen des Wetters.

Die Möglichkeiten der deutschen Grammatik können einen, wenn man sich darauf, was man ruhig, wenn man möchte, sollte, einlässt, überraschen.

Thema	**Seite**
Wie/als	10
Das/dass	11
Selbe/gleiche	13
Einzigste	15
Effektiv oder effizient?	16
Infolge/in Folge	18
Anglizismen	19
Auf/offen	21
Des Weiteren	22
Insofern, als	23
Reden oder sprechen?	25
Gewöhnt/gewohnt	26
Erschrocken/erschreckt	27
Wart oder ward?	28
Seid oder seit?	29
Die oder das Nutella?	30
Recht oder recht?	32
Tageszeiten	33
Gesendet oder gesandt?	35
Imperativbildung	36
Zumindestens?	37
Aus dem Stegreif	38

Komma vor wie und als 39

Fugen-s 40

Anscheinend, scheinbar, offenbar 42

Substantivverbindungen mit sein 44

Januswörter 45

Je, ... 46

Gehängt/gehangen 47

Verbindungen mit zu 48

Geniest oder genossen? 50

Herzlich willkommen 51

Satzzeichen retten Leben 52

Auslassungspunkte 53

Eckige Klammern 54

Um Gottes willen 55

Inbusschlüssel 56

Danke schön! 57

Haben oder sein? 58

Sarkasmus oder Ironie? 59

Superlative – groß oder klein? 61

Bairisch 62

ss oder ? 63

Gar nicht?	65
Auf jeden Fall	66
Auf oder offen?	67
Paprika	68
Kirmessen	69
Brillant im Billard	70
Selbst(st)ändig	71
Wieder/wider	72
Präpositionen vor Jahreszahlen	73
Der Konjunktiv	74
Geschalten	76
Herr(n)	77
Apostroph	78
Grammatisch vs. Grammatikalisch	80
Wörter oder Worte?	81
Statuuuus	82
Zuhause – zu Hause – zuhause	83
Anführungszeichen	84
Einfaltspinsel	85
Bescheid	86
Das Semikolon ;	87

Dieses / diesen Jahres	89
Immer mal öfters	90
Das rosane Kleid	91
Soviel oder so viel	92
Mit mir, ohne mich	93
Die vier Fälle	94
Zurecht / zu Recht	96
Warum manche Länder einen Artikel haben	97
Angewandt oder angewendet?	98
Plusquamperfekt	99
Ich schätze wert oder wertschätze	100
Geschleift oder geschliffen	101
Die Ampel steht auf Grün	102
Fliehen oder flüchten?	103
Sodass/so dass	104
Das bisschen	105
Weil oder denn?	106
Ein Quiz, zwei Quiz	107
Gewinkt oder gewunken?	108
Meinetwegen/wegen mir	109
Andere/-s/-r groß oder	110

klein?

Schuld / schuld sein 111

Der oder das Moment? 112

Meines Wissens (nach) 113

Noch mal oder nochmal? 114

Zu oder nach IKEA? 115

Seitdem / seit dem 116

Komma nach der Grußformel 117

Zahlen 118

Etc. 119

Sei kein Looser – Schreib Loser. 120

Tod/tot 121

Jedermann 122

Standard 123

Leerzeichen vor und nach Schrägstrichen 124

Trilogie 125

Langer Rede kurzer Sinn 126

Quellenverzeichnis (Paraphrasen, Inspiration)

www.duden.de
www.lektorat-kanut-kirches.de
www.nachgeholfen.de
www.texterclub.de
www.contentman.de
www.wiwo.de
www.praxistipps.de
www.spiegel.de
www.easygermangrammarstories.de
www.dwds.de
www.korrekturen.de
www.grammis.ids-mannheim.de
www.studyflix.de
www.blog.leo.org
www.neue-rechtschreibung.net
www.textschoepfung.de
www.wiktionary.org
www.orthografietrainer.de
www.deutschlernenblog.de
www.gfds.de
www.geo.de

Druck:
CPI Druckdienstleistungen GmbH
im Auftrag der
Zeitfracht GmbH
Ein Unternehmen der Zeitfracht - Gruppe
Ferdinand-Jühlke-Str. 7
99095 Erfurt